# 11월의 플라타너스

# 11월의 플라타너스

정옥금 열두 번째 시집

도서출판 두손컴

| 시인의 말 |

글을 몰라서
책을 쓰지 못했다고
한탄하셨던
우리 어머니

글 조금 아는
막내딸이
책 13권
저자가 되었습니다.

2025년 7월

정 옥 금

차례 | 11월의 플라타너스

# 1부 시인의 집 창문에

시인의 집 창문에 _ 13
11월의 플라타너스 _ 14
돌이 말을 하네 _ 16
엽낭게 _ 17
물수제비 _ 18
무당벌레 _ 19
내 얼굴이 이런 줄은 몰랐습니다 _ 20
해맹산천 가는 길 _ 21
헐렁한 그 눈빛이 _ 22
제주도 새별오름에서 _ 23
반딧불처럼 _ 24
섬 속의 섬 · 1 _ 25
섬 속의 섬 · 2 _ 26
섬 속의 섬 · 3 _ 27
생일 _ 28
노老부부 _ 30

11월의 플라타너스 | 차례

## 2부 나의 약사여래불님

나의 약사여래불님 _ 33
또, 금와보살님을 찾아와서 _ 34
가뭄 _ 35
뱀사골 유래 _ 36
초복 初伏 _ 38
그럴 때가 있지 _ 39
무사한 나의 하루는 _ 40
작별하기 _ 41
구름 _ 42
그립다 _ 43
그 언덕 _ 44
느낌 그대로 _ 45
안부를 묻습니다 · 1 _ 46
안부를 묻습니다 · 2 _ 47
내 쓸쓸한 시낭송은 _ 48
나이롱 소쿠리 _ 50

차례 | 11월의 플라타너스

# 3부 내 남편의 손

유월 지심도 _ 55
담양 죽녹원 _ 56
태화강 십리대숲 _ 57
학도병 형님은 _ 58
이 가을 참, 슬프네요 _ 59
봄, 낙동강 _ 60
소나기 _ 61
흐름에 대하여 _ 62
기억의 숲 _ 63
현충탑을 참배하며 _ 64
별리·1 _ 65
별리·2 _ 66
별리·3 _ 67
별리·4 _ 68
향기를 품은 그대 _ 69
내 남편의 손 _ 70

11월의 플라타너스 | 차례

# 4부 언니의 애소哀訴

금낭화 _ 75

벚꽃 낙화 _ 76

이팝나무꽃 _ 77

감꽃이 필 때 _ 78

관룡사 상사화 _ 79

풀꽃향기 _ 80

원추리꽃 _ 81

목련꽃 지고 _ 82

자작나무숲을 그리다 _ 83

꽃들이 미쳤네 _ 84

층층이꽃 _ 85

가을엽서 _ 86

언니의 애소哀訴 · 1 _ 87

언니의 애소哀訴 · 2 _ 88

언니의 애소哀訴 · 3 _ 90

언니의 애소哀訴 · 4 _ 91

차례 | 11월의 플라타너스

# 5부 인생이란

모기 _ 95
매미 울음소리 _ 96
잠자리 _ 97
구름새 _ 98
숲을 만나러 가자 _ 99
가을 맘[心] _ 100
그 사랑 _ 101
현해탄의 물결 _ 102
초록바다 _ 103
초선대 마애불 _ 104
죽도 왜성 그곳에는 _ 105
인생이란 _ 106
동피랑에서 _ 107
그 여자의 겨울 _ 108
산과 책 _ 109
국민 여러분! _ 110
겨울 장미였던가 _ 112

**에필로그** | 해석을 위한 변명 / 정옥금 _ 114
**시화방 엿보기** _ 119

1부

시인의 집 창문에

## 시인의 집 창문에

시인의 집 창문에
작은 등불 하나 있습니다

꺼질 듯 가물거리다가
불살이 노랗게 방랑거립니다
활활 타오르나 했는데
눈물 글썽이고 있습니다

시를 쓰기엔 너무 가느다란 팔입니다.

세상을 가득 소유하나봅니다
남김없이 다 비우고 있나봅니다
0.25mm 펜촉에
삼라만상 우주가 머물고 있습니다

시인의 집 창문에
별 하나가 몰래 엿보고 있습니다

# 11월의 플라타너스

  바람이 불고 있었다. 회오리를 치며 부는 거센 바람에 이리저리 흔들리던 플라타너스 널따란 잎이 우수수 떨어져 보도블록에 나뒹굴었다 허옇게 쭈그러진 잎을 주워 들고 나는 문득, 오래전 곰배팔이 우리 아재가 고향을 떠나던 그 눈물의 신작로가 핏기 잃은 11월의 플라타너스와 오버랩되어 영상처럼 저녁 하늘에서 맴돌고 있었다.

  가지라는 가지는 다 잘려 나가고
  뭉텅한 몸 위에 빛바랜 잎사귀만 수북한
  플라타너스 가로수길을 느릿느릿 걷는다
  휘휘 몸아치는 늦가을 해거름녘 찬바람에
  스르륵 떨어져서 바사삭! 밟히는 잎

  뒷마당을 빙빙 돌며 한 다리 절룩 들고
  곰방대 뻐끔거리며 콧잔등을 찡끗하며
  눈물 콧물 범벅진 얼굴로 건드렁타령 하던
  곰배팔이 우리 아재 덜 자란 팔에 붙어있는
  오그라진 손가락도 곡조 따라 까닥까닥 춤추던 밤

허옇게 버짐 핀 나무둥치에 눈 감고 귀 대고
속속들이 어려있는 적요한 내력을 더듬어 본다
아, 보인다 푸른 청춘이, 들린다 행자곡비 소리가
무수한 새 떼의 날갯짓처럼 추풍에 휘날리는 잎
플라타너스는 결코 푸름을 놓지 않을 것이다

괄시에 맞서서 살려고 다리에 알통 박아 넣고
곰배팔로도 낫질 호미질 도리깨도 잘도 돌렸는데…
-어무이요! 차라리 낯모르는 사람에게 괄시받고 살라요.
서로 잡았던 손 차마 놓지 못하고 꺼억꺼억 울음 울며
생이별하던 그 모자의 서러웠던 달밤이었다

별은 죽고 밤을 유혹하는 화려한 불빛의 거리
하늘과 땅, 너와 나의 경계가 허물어지는 슬픔
곰배팔이 우리 아재 이야기는 먼 이야기로만 남고
척박한 땅속으로 더 깊게 뿌리를 뻗어나가는
11월의 플라타너스는 또, 바람에 잎을 날린다

# 돌이 말을 하네

긴 세월 파도가 갈고 닦아서 빗어놓은 자연의 걸작품 몽돌해변 멋진 돌 없나? 빙하 위를 어슬렁거리는 남극 백곰의 눈빛같이 산삼을 찾아서 심마니가 심산계곡을 헤매듯이 이리저리 살핀다

돌 봤다, 돌 봤다!

갈롱쟁이 우리 삼촌 목댕기처럼 까만 몸에 하얀 줄을 빛나게 두르고 자잘한 몽돌들을 지긋이 깔고 비스듬히 누워있는 길쭉한 몽돌 하나 콩나물시루에서도 혼자 가로누워 자라는 건방진 콩나물 같은 놈

너, 오늘 내가 접수한다.

일어나라! 쏙 뽑아 들었는데 홀랑 빠져 도로 눕네, 다시 잡아 들었더니 −놔 줘요, 깔려서 아파도 좋아요. 일제히 일어나 재깔재깔 떠들며 내 바짓가랑이를 잡고 늘어지네, 어! 어 돌이, 돌이 말을 하네

# 엽낭게

엽낭게는 바쁘다
수수만년 바쁘다

 바닷물이 빠지면 어김없이 모래를 뚫고 쏙쏙 고개를 내미는 엽낭게 그들의 아비와 아비, 그리고 아비들이 대를 이어 빚어왔던 모래경단을 오늘도 수천수만 마리가 비지땀을 흘리며 바쁘게 만들고 있다 엽낭게는 모래경단 만들기 선수들이다 순식간에 동글동글 만들어서 쌓고 또 쌓는 모습 참으로 대견하고 안쓰럽다 가끔씩 사방을 둘러보며 집게발을 번쩍 들고 '여기는 우리들의 영토, 침범하지 말라!' 두 눈을 부릅뜨고 고함을 지르기도 한다 잽싼 동작으로 튼실한 모래성벽을 높이 올리고 있다 마치 파도를 막기 위해 방파제를 둘러싸고 있는 테트라포드처럼 아, 그러나 또 모래사장에 밀물이 밀려오면 파도에 휩쓸려 허물어져 자취도 없이 사라져버리는 그들의 영토, 코끝이 찡하다.

# 물수제비

얄팍한 돌 하나 손바닥에 올리고
엄지와 검지로 살포시 잡고 몸을 비스듬히
옆으로 젖히며 힘껏 던졌습니다
풍당! 풍당!
던지는 족족 잇따라 수장이 되어버리는 돌
오늘도 또, 물수제비 한 개도 못 뜨고 말았습니다

돌을 던지는 것이 아닙니다
임에게로 향하는 나의 마음을 보내는 것입니다
한 번쯤 통, 통 통 동그르르~
물수제비 두어 개라도 떠줬으면 얼마나 좋겠습니까
물속 가득 벚꽃을 드리고 있는 봄 호수는
선골, 옥골처럼 미려하고 수려합니다

하얀 낮달에 푸른 종을 매달고 미운 맘 두드리면
하늘가에 아롱지는 동그라미~ 동그라미~

# 무당벌레

더러는 봄이 왔다고들 하지만
뺨을 때리는 차가운 바람
봄이 어딧나?
이리저리 살피며 공원길을 걷다가
반짝! 눈에 꽂히는 꽃불 같은 빛
까만 점 선명한 도토리 모자 같은 빨간 껍질
아! 무당벌레
다리도 날개도 속도 다 비워진 동그란 해골
그 엄동설한 견뎌내고
그 천둥번개 비바람 견뎌내고
그 짓밟힘을 이겨내고 살았던 외로운 흔적
살며시 마른 나뭇잎에 올려서
더 깊은 풀숲에 숨겨주었다
그래, 자연의 완전체가 되어라

허연 관 속에 누워있는 나의 수의자락이 펄럭거린다

햇살 고운 언덕에 또, 찬란한 몸으로 피어나거라

# 내 얼굴이 이런 줄은 몰랐습니다

막내딸과
겨울 바다를 찾아갔습니다
영하 칠 도의 매서운 갯바람을 맞으며
추운 줄도 모르고 아이들처럼 해변을 뛰놀며
우리 모녀는 모처럼 즐겁게 놀았습니다
통유리가 넓은 멋진 찻집 창가에 앉아서
뜨거운 자몽차를 홀짝홀짝 마시는 내 모습을
딸내미는 연신 사진 찍기에 바빴습니다
-엄마, 이 사진 자연스럽게 잘 나왔지?
앗, 이 여자가 나야?
찻잔에 입술을 내밀고 눈을 감고 있는 모습
인중에는 주름치마 주름이 잡힌 것처럼
눈가에는 젓가락에 걸쳐진 국수 가락처럼
또렷이 팍팍 잡혀있는 주름투성이 할망구
아, 너무 가엾습니다, 나의 몰골이
내 얼굴이 차마 이런 줄은 몰랐습니다
의심도 없이 나는, 마냥 여인네인 줄 알았습니다
여태껏 착각 속에서 살았습니다

# 해맹산천 가는 길

산과 산을 간짓대로 걸쳐도 될 것 같은
깊은 두메산골 숲 우거진 골짝사이로
해가 뜨고 별이 반짝이던 아름다운 곳
소싯적 그곳이 그립노라고 눈시울 적시며
해맹산천, 해맹산천 그리도 불러샀던 울어무이 고향
그 해맹산천이 함양 산청이었다는 것을, 나는
오랜 세월을 보내고 난 후에야 알게 되었다

휙휙~ 바람을 가르며 산길을 돌며
흑마처럼 달리는 함양 산청 행 버스
어디일까? 어디쯤에서 빨간 갑사댕기 소녀가
서리 내린 가을 새벽 날마다 냇가에 나와서
대소쿠리 가득 감홍시를 주워 담았을까
초가 동리 길섶에서 나비같이 어여뻤던
소녀의 연분홍빛 나래는 어디에 숨어있나

버스는 화첩을 넘기듯 이산 저산 풍경을 펼치고
나는 흔적 없는 흔적을 찾아 헤매고 있다

# 헐렁한 그 눈빛이

나하고 평생을 살면서도
언제나 남의 편이었던 내 남편이
평생을 나에게 다정한 말 한번 없이
고함만 북북 내지르던 내 남편이
평생을 술만 맛나다고 먹던 내 남편이
어쩌다가 이렇게
나를 의지하며 내 손을 잡고 운수사에 와서
목련 나무 그늘 빛바랜 나무 의자에 앉아있다
떨어지는 하얀 꽃잎을 멀거니 보면서
내가 건네주는 과자를 맛나게 받아먹는다
아! 허허롭고 허허롭구나
빈 벌판에 홀로 선 허수아비 같은
헐렁한 그 눈빛이
헐렁한 내 남편의 몸이
너무 낯설다. 그리고 짠하다

우두둑, 내 가슴이 뜯겨서
목련꽃잎처럼 떨어진다

## 제주도 새별오름에서

그렇게 한번 와보고 싶었던
제주도 오름에 올라왔는데
가는 날이 장날이라더니, 하필이면
바람 불고 비 오고 우박까지 쏟아지네

꽃 시절 다 보내고 이제야 왔는데
매정도 하시게시리 푸대접을 할꼬

비바람 우박이 매섭게 몰아치는
억새 숲 우거진 새별 오름에는
등 굽고 주름살투성이 할마시 같이
핏기 잃은 억새들만 봉두난발 휘날리네

왔냐고 가느냐고 수인사도 없었으나
그래도 즐겁고 따스한 겨울 제주 나들이

# 반딧불처럼

석유등잔 호롱불 심지같이 기름이 졸아들고 말라가는 몸을 곧추세우고 반딧불이 마냥 인의 불빛 깜박거리며 행여 누가 찾아오려나, 목을 빼고 기다리고 있는 십 오층 늙은 아파트 속 어미와 아비, 세상이 시끄러울수록 더욱 보고픔에 몸살을 앓고 창문이 흔들릴 때마다 다가왔다 사라지는 애틋한 얼굴들 소나무삭정이가 찢겨나가듯이 우지직 우지직 떨어져서 쌓이는 생각의 가지들 한평생 걸어온 길 맘 편히 한번 쉬어볼 겨를도 없이 쏜살같이 가버린 세월 속에 그 숱한 사연들 돌이켜 본들 굳이 무슨 말이 필요할 것인가 그리움은 그리움대로 묻어두고 아픔도 아픔대로 무덤을 짓자 끝내 아물지 못하는 상흔들의 파편에 가슴이 찔려도 다 묻어 두어야한다 이런저런 무덤의 봉분에 잔디를 심어야한다 죽어도 무덤도 없을 오늘날의 세태인데 오늘도 내일도 파아란 불 가슴에 켜고 살아 볼 일이다, 반딧불처럼

# 섬 속의 섬 · 1

엄마가 딸의 손을 잡고
그 딸이 또 딸의 손을 잡고 있는 듯
제주도 섬속의 나막신만한 섬 우도
우도 속의 또 땅콩 같은 섬 비양도
해 저무는 바닷가 돈짓당\* 돌담에 기대어
끝없이 펼쳐진 수평선을 바라본다
물너울은 넘실넘실 쉼 없이 달려와
허연 거품을 빼물고 토악질을 해대고
팔월 하순 늦더위에 빨갛게 익은 태양
장밋빛 물속으로 자물리고 있는데……

-이어도 사나 이어도 사나~
우리 어멍 날 날 적에 어느야 바다
메역국 먹고 날 낳았던가~ 이어도 사나~

해녀들의 노랫소리
먼바다 파도 타고 울렁술렁 넘어온다


\* 돈짓당 – 용왕신께 제사를 지내는 당집

## 섬 속의 섬 · 2

이른 아침
나의 하룻밤을 포근히 내어준
아담한 숙소 하얀 침대에 누워서
한눈에 보이는 창밖 풍경을 본다
초록, 초록색이다 온통 초록 땅콩밭이다
숭숭 구멍 뚫린 낮은 까만 돌담들이
요리조리 곡선을 틀며 그림글자처럼
아름다운 경계선을 이루고 있는 땅콩 밭두렁

세속의 소음도 분진도 하나 없고
가시목 다발같이 얽히고설킨 인연의 고리들
슬픈 이야기 우도 앞바다에 던져 버렸다
하늘과 바다와 바람과 나만이 있는 듯
평화로운 섬 속의 섬, 우도의 아침

한 달포쯤
나도 땅콩밭 이랑에 초록이고 싶다

# 섬 속의 섬 · 3

 무채색으로 이어지던 나의 일상이 다채롭게 어여쁜 무늬로 색색으로 그려지는 것 같다. 어제는 '여러분! 우도의 여름은 바다와 땅콩밭입니다. 보세요 여기도 땅콩밭 저기도 땅콩밭 땅콩 땅콩땅콩…' 진초록빛 땅콩밭을 쉴 새 없이 가리키며 싱글벙글 유쾌한 우도 순환 버스 기사님의 안내를 받고 결 고운 파도가 남실거리는 해수욕장에서 아이처럼 찰방대며 막내딸과 해수욕을 즐겼고, 오늘은 유람선에 올라 디스코팡팡을 탄 듯이 쿵쿵 엉덩이춤 신나게 추다가 파도에 숨겨진 주간 명월 동굴 속 천정에 떠 있는 둥그런 하얀 달구경도 했다. 눈 깜짝할 사이에 가버린 3박 4일의 행복, 이제 내일이 오면 바다를 건너고 하늘을 날아서 강남 제비가 돌아오듯 나는 집으로 돌아가서 또 밥솥에 밥을 안치고 남편 병시중을 하면서 돋보기를 끼고 책을 읽고 시를 쓴답시고 밤도 새울 것이다 스치듯 후딱 지나간 내 생의 세월처럼 나에게 남은 시간은 또 얼마나 빨리 흐를까? 우도 순환 버스 기사는 또 언제까지 땅콩, 땅콩땅콩 하면서 싱글벙글 웃을까?

## 생일

섣달 열사흘 차디찬 달빛 아래
앞 냇가 미루나무 빈 가지 꼭대기에서 부엉이가
부엉~부엉~ 애처롭게 울던 한밤중이었다.

열 달 동안 낙태를 위해 온갖 방법과 백방의 노력을
했던 우리 엄마

아이는 눈치 없게도 일곱 번째 넷째 딸로 태어나고
말았다

해마다 섣달 열사흘이 되면 어머니는 조그만 독상에
하얀 쌀밥을 고봉으로 담아 올리고
-천지신명님! 이 어미가 무지하고 부덕해서 죄를
지었습니더
저에게 벌을 주시고, 불쌍한 우리 막내 딸내미는 가는
곳마다, 꽃이 되고 잎이 되고
복 많고 명 길게 살도록 해주시이소!~~

싹 싹싹, 손 비비며 빌던
어머니 그 축수 소리가 아련히 들리는
내 생일날 아침이다

## 노老부부

숨소리도 없이 고운 잠을 자는 영감
할망은 새벽마다 영감을 내려다 본다
숨을 쉬나? 안 쉬나?
휴~~ 무사하고나!

오늘은 힘 좀 내고 팔팔해 보입시더
할망의 구시렁구시렁 부탁에도
영감이 누어서 던진 작은 공만
거실 바닥에서 공공공 뛰고 있다

2부 /

나의 약사여래불님

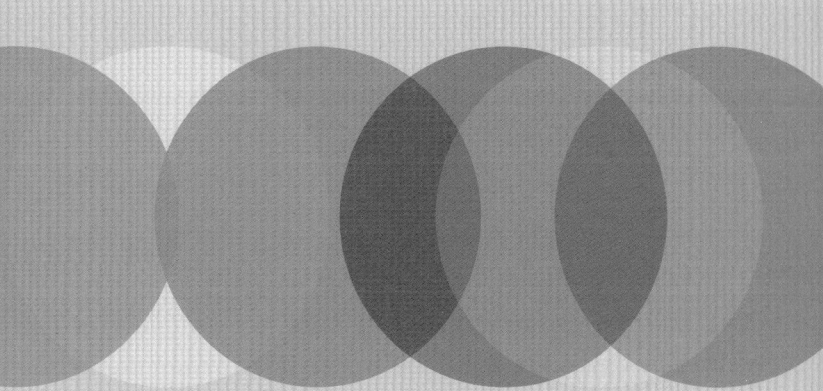

# 나의 약사여래불님

 감옥처럼 꼼짝없이 집안에 갇히어서 모진 코로나 병마에 시달리며 식음을 전폐하고 기력 없이 누워있는데 어디서 메시지 한 통, -문 앞에 죽 한 그릇 놓고 갑니다. 벌떡 일어나 온정의 손길 풀어보니 맙소사! 이럴 수가 금방 끓여서 퍼 담아온 뜨끈뜨끈한 죽, 홍합과 전복을 아낌없이 썰어 넣은 세 통의 전복죽과 야채 장아찌 김 가루 건빵 다섯 봉지, 그분은 내 엄마도 아니고 내 언니도 아니고 내 딸도 아닌 사람, 평소에 나와는 각별히 친하지도 않는 그분께서 왜? -여보세요! ○○님, 도대체 저에게 왜 이러십니까? 이 고마움을 제가 어찌 감당하라고요. -빨리 기운 차리고 일어나시면 됩니다. 온화한 말씀에 울컥 솟구치는 울음과 함께 한 숟갈 한 숟갈 목으로 넘기니 아, 놀랍게도 흐릿하던 시야가 또렷해지고 축 늘어진 팔다리에 힘이 솟아난다

 오, 당신은
지금 내게 홀연히 나투신 약사여래불님이신가요?

# 또, 금와보살님을 찾아와서

도너츠 구멍보다도 더 작은
자장암 금와보살님 바위 처소 문 앞에는 언제나
뵙기를 간절히 바라는 소망들이 모여든다
근접하기엔 어림 반 푼어치도 없는 빈 처소
빗장은 열어 놓고 어디로 출타하셨는지
-금와보살님!
어쩌자고 이래 집을 오래 비워두시는지요?
이젠 오셔서 중생들의 소원 들어주셔얍지요

빛나는 초록색의 몸 하얀 손가락을 펴고 앉아서
볼록거리는 목젖에 까만 눈동자를 깜박거리시며
저를 보시던 그 모습, 그날은 하루에 일곱 번씩이나
뵙고 또 뵙고 했는데… 그 후론 십수 년 세월을
찾아오고 또 찾아와도 뵐 수 없는 금와보살님!
오늘도 우거진 홍송紅松 가지에 구름만 머물다가
바람 따라 가물가물 아스라이 사라진다

# 가뭄

찔레꽃이 질 때까지
비가 세 번은 와야
풍년이 든다고 했는데

아이고! 우짜노

비 한 방울 못보고
하얗게 떨어지는
찔레꽃만 보고 있네

# 뱀사골 유래

 지리산 뱀사골은 뱀이 많아서 뱀사골이라 한다고 알고 있지만, 실상은 옛날에 한 스님이 도道 수행修行을 위해 뱀사골로 들어가서는 흔적도 없이 사라져 버렸다. 그 후 뱀사골에서 사라지는 사람이 자꾸만 늘어났다. 집채만 한 호랑이가 물고 갔다느니, 귀신에 홀려서 물속에 수장이 되었다느니… 온갖 흉흉한 소문이 난무하며 사람들이 두려움에 떨고만 있을 때, 어느 도술 높은 큰스님께서 해결에 나서셨다. 눈물로 만류하는 제자들을 다독이며 입고 있었던 먹장삼을 벗어서 독물에 푹 담갔다가 젖은 채로 입고 아무도 따라오지 말라, 어떤 소리가 들려와도 가만히 있으라는 당부를 하시곤 훌훌히 어둠이 짙어지는 뱀사골 계곡으로 들어가셨다. 이윽고 자정이 되자 산이 무너질 듯한 무섭고 기이한 큰소리가 오래오래 들려오다가 마침내 희뿌옇게 날이 밝아 오자 소리가 멈춰졌다. 스님을 찾아 나선 사람들의 눈앞에는 한 아름을 하고도 남을 만큼 큰 뱀이 허연 배를 뒤집고 널브러져 있었다. 서둘러 뱀의 배를 가르고 큰스님을 빼내어서 지리산 소나무를 높이 높이 쌓아서 다비茶毘를 하였다고,

그때부터 큰 뱀을 잡은 골짜기라서 지리산 뱀사골로
불러 졌노라, 일러주시던 그 여름날 내가 뱀사골에서
일박했던 민박집 주인장님의 이야기

## 초복 初伏


앞마당 감나무 땡감이 살이 오르는 여름
열 마리였던 우리 닭이 아홉 마리가 되고
아버지와 오빠는 닭다리 뜯고
언니와 나는 닭가슴살을 뜯고
닭 모가지 뼈 맛나다며 쪽쪽 빨던 울어무이
초가삼간 토담 활짝 열린 삽짝문
바지게에 수박 지고 기웃거리던 수박 장수
아버지 조선낫은 마루 밑에서 졸고
좋아라, 꼬리치며 뱅뱅 돌던 우리집 깜둥이
중복 말복이 시퍼렇게 노려보고 있는데…
- 깜둥아! 살찌지 마, 우리 깜둥이 우짜노?
눈물 졸졸 흘리던 단발머리 그 가시나
노을 지는 고샅길에 긴 그림자 같은 추억
담쟁이넝쿨처럼 내 가슴벽을 타고 오르고 있다

칙칙칙~ 압력밥솥에 닭백숙이 끓는 초복 날 아침

# 그럴 때가 있지

그럴 때가 있지 살다 보면
세상이 캄캄해지고
마음의 출구마저 닫혔을 때
겨드랑이에 은빛 날개가 돋아나고
두 눈은 자동차 헤드라이트처럼 불을 켜고
허공 속으로 까마득히 날아가는
나를 내가 볼 때가 있지

살다 보면 그럴 때가 있지
그토록 살뜰했던 그 사랑이
사랑이 아니었던 것을 알고
마른하늘에 벼락을 맞은 것처럼
상실의 슬픔에 속 울음 울면서
빈 들판에 서 있는 헐벗은 허수아비 같은
나를 내가 볼 때가 있지

## 무사한 나의 하루는

 카페에 앉아서 얼죽아 한 잔씩 시켜놓고 아직도 우리는 폼생폼사 거드름을 피우다가 입가심으로 팥빙수를 맛나게 퍼먹다가 노생老生 푸닥거리라도 하듯이 자식자랑 손자자랑 영감 흉보기를 너나없이 다투어 풀어놓으며 하하 호호 깔깔거리며 친구들과 수다를 떨다가 저녁때가 지나서야 황급히 헤어졌다 파장이 다 된 시장 좌판에서 풋고추 오이 간고등어 한 손 사 들고 공공공 뛰었다 서둘러 고등어를 굽고 된장찌개를 끓이다가 문득, 그날이 그날이고 빛나는 일 하나 없는 심심한 지금 나의 이 일상들이 어쩌면 고맙고 소중하고 다행스러운 날들이 아닐까하는 생각이 든다. 이 칠월 염천에 얼음이 얼어 팥빙수가 되고 바다 푸른 생선이 우리 밥상에 오르고 풋고추 오이가 싱싱하게 내 손에 오기까지… 맞다 내가 모르는 사람들의 고된 노동의 결실이다. 그 누군가가 흘린 땀방울들이 배부르고 무사한 나의 하루를 말없이 내어 주었던 것이로구나 고개를 숙이며 공손해지는 오늘 저녁 식탁

# 작별하기

작별하지 않는다*와
작별하기가 아쉬워서
작별하지 않는다. 책을 두 손에 모아들고
타로점을 보듯이 엄지손가락으로
잡히는 데로 쫙- 펴본 페이지

두 번 세 번 읽었는데도 처음 만나는 듯
펼치는 페이지마다 가슴이 뛴다
처절한 눈물의 노고가 사리처럼 박혀있다
난해한 글들이 나를 당황하게 한다
세밀한 표현들이 나를 떨리게 한다
하늘이 내린 신의 손으로 쓴 그녀의 글

삼십여 년 쓴 나의 시들이 부끄럽다
밥도 반찬도 과일도 음료수도 무엇도 아닌 물체가
내 입천장에 맛없이 붙어서 니글거린다
지금부터 내 시를 잘근잘근 씹어서 뱉어버리자
허접한 나부랭이들을… 이제 작별하기다

* 노벨문학상 수상 작가 한강의 소설 제목

# 구름

참, 자유롭구나
온갖 형상을 하늘 가득 하얗게 그려놓다가도
어느새 파란 본래의 모습으로 돌려놓는다
그러다 또, 생겨나고…사라지고…
피면 피는 대로 지면 지는 대로
제각기 주어진 운명에 순응하며
우주의 섭리에 따라 하늘에서 피고 지는
하얀 하늘꽃

산길 풀숲 이슬을 털며
탁발 길 떠나는 앳된 여승의 새벽길 걸음처럼
신선하고 고요로운 뭉게구름이
바람에 실리어 두둥실 떠간다

# 그립다

초가삼간 구들방 윗목 시렁에 얹혀있던
함지박만한 누렁호박이
심심풀이 호작질로 올려 찼던 내 발길질에
꿍, 떨어져서 박살이 나고
주렁주렁 매달렸던 메주들도
새끼줄 그네를 요란스레 탈 때
황급히 들어오는 어머니 가슴을 밀치고
동지섣달 얼음가시 바람 얼굴에 맞으며
걸음아 날 살려라 도망을 쳤던
그 겨울 저녁이 사무치게 그립다
서말찌 무쇠 솥에 내 밥그릇 넣어 놓고
-이누무 가시나! 집에 오기만 해봐라. 하시며
청솔가지 꺾어서 불 피우시던 우리 어머니
동백기름으로 앞가르마 반듯하게 윤이 나던
죽절비녀 머리가 그립고 그립다
내 나이 칠십이 훌쩍 넘어가고 있는데도

# 그 언덕

하얀 꽃상여가
차마 떨어지지 않은 걸음에
돌아보고, 돌아보고 또 돌아보며
눈물로 오르던 그 언덕길에는
아직도 망초꽃은 피고 있었네

수십 년 전에
청대 같은 자식 잃고
가슴에 봉분을 쌓고 사셨던
가여운 울엄니가
서리서리 붉은 피 토하며 넘어갔던
피눈물의 언덕바지

서산에 해 기울면
밤마다 아들 찾아 미친 듯이 달려가던
울엄니의 그 언덕길, 오늘은
하늘마저 휑하니 구름 한 점 없고
인적 없는 풀숲에 뻐꾸기만 우네

# 느낌 그대로


느티나무 속에서 매미가 운다
애간장을 태우며 애처롭게 운다
여름도 막바지로 몰려가는가 보다

너무 더워서 시도 못 쓰겠다는 내게
더워서 시를 못 쓴다는 시를 쓰면 되지,
딸애의 얄미운 핀잔이 귀에 맴돈다

느티나무가 넌지시 귀엣말을 해준다
매미처럼, 느낌 그대로
허세 없이 울음 우는 시인이 되라고 한다

# 안부를 묻습니다 · 1

우야꼬!
앵두꽃이 다 떨어지겠데이~

 느닷없이 진눈깨비가 쏟아지고 바람이 거세게 불던 어느 해 봄날 어머니는 황급히 무명 홑이불로 앵두나무를 감싸서 덮고 끈으로 묶어서 무사히 앵두꽃을 지켜내시었다 따뜻한 봄볕에 앵두가 빨갛게 조롱조롱 익을 때 어머니는 날마다 조롱박 바가지에 앵두를 소복이 따시며 천석만석 알곡을 거두어들이는 듯 세상을 다 가진 듯 얼굴에 함박웃음 지으시며 자식들 입에 차례로 앵두를 넣어주셨다 처마 밑에 우물이 있었던 우리집, 그 집에서 팔남매가 푸른 꿈을 꾸며 자랐다. 그리고 그 집에서 어머니가 돌아가셨고 아버지도 떠나셨고 형제들도 집을 버리고 뿔뿔이 흩어지고 말았다. 바람처럼 스쳐 가버린 오십여 년의 세월 우리아버지가 우물가에 심었던 앵두나무 한 그루, 해마다 봄이 오면 달콤한 기쁨을 주었던 그 앵두나무는 아직도 그 우물가에서 빨갛게 앵두를 달며 잘 살고 계시는지 안부를 묻습니다

# 안부를 묻습니다 · 2

할무이요!
요새 우째살고 있능교?

아무 탈 없이 잘 살고 있지러
배고프마 밥 한 수까락 묵고
잠오마 방구석에 꼬부라지서 자고
다리가 아파가 인자 놀로도 못댕기고
맨날 천날 텔레비만 보고 살지러
텔레비가 내 영감이고
텔레비가 내 자식들이고
텔레비가 내 친구지, 단짝 친구다아이갸
눈만 뜨마 온천지 세상기경 다 시키주고
노래도 불러주고 춤도 추고 참말로 고맙은기라
신통방통한 이 기계는 아무래도 누가
내 때문에 맹글었지 싶푸다

야야! 할매 걱정 안해도 된다이
죽을 때꺼정 나는 잘 살고 있을끼라, 알았제

# 내 쓸쓸한 시낭송은


나의 단짝 친구가 떠나간 지도
벌써 수년의 세월이 흘러갔다

또, 봄은 와서 이렇게 햇살도 따사롭다
봄바람에 흩날리는 라일락 꽃잎
친구여! 별이 되었는가?
환생의 꽃으로 피어났는가?

나는 연보랏빛 스카프를
이승과 저승을 잇는 다리처럼 길게 두르고
삶의 끈을 차마 놓지 않으려는 듯이
절실한 심경을 토로한 친구의 시를 낭송한다

-생명과 소멸이 다르지 않듯이
삶과 죽음도 다르지 않다
남은 생애 쉬엄쉬엄 쉬어 가리라
서두르지 않고 아주 천천히…

다음 생에서도 더 좋은 인연으로 만나자고
눈물로 약속했던 그날 밤 그 통화가
마지막이 되어버렸던 생각에

울컥, 솟구치는 눈물을 삼키고 또 삼켰다

그는 결국 멀리멀리 가버렸고
나는 남아서 쓸쓸히 살고 있다
무대 아래 박수 소리가
천상의 음악처럼 아득히 들려온다

# 나이롱 소쿠리

앞집 고추방앗간 집 아지매가 죽었다. 동그란 얼굴에 짙은 팔자 눈썹을 찡긋거리며 늘 상냥한 웃음으로 물음에 답을 해주며 고추를 빻고 참깨 들깨 볶아 기름을 내려서 파란 소주병에 가득가득 담아서 줄을 세우며 소박한 삶을 살아가던 그 아지매, 겨우 오십을 갓 넘긴 나이인데… 담 너머로 딸내미들 통곡 소리가 넘어오고 남편 외마디 외침이 간간이 들려오고 장의차가 골목에 세워지고 상복 입은 사람들이 들락날락 왁자지껄하다가 그러다가 그것으로 끝이었다. 영웅호걸 절세미인도 숨 떨어지면 사흘을 못 넘긴다더니 골목은 아무 흠집도 없이 평소 풍경 그대로였고 며칠 후– 아지매집 대문 앞에는 장롱 이불 솥단지 항아리 등 버릴 물건이라고 온갖 살림살이들이 수북이 쌓여있다. 나는 한쪽에 차곡차곡 포개어진 나이롱 소쿠리에서 눈이 멈췄다 큰 것 작은 것 새 것 낡은 것 저 싸꾸려 나이롱 소쿠리도 아지매는 살 때 마다 소용에 따라서 보고 만지고 고르다가 소중히 들고서 총총걸음으로 집으로 왔을 것이다 국수를 삶아 담고 떡쌀도 불려서 담고 싱싱한 푸성귀도 담았던 나이롱 소쿠리,

이제 그들도 층층 높게 목마를 타고 알록달록 주인 따라 미련 없이 하직 길 채비를 하고있다

# 3부

## 내 남편의 손

# 유월 지심도

하늘과 바다가
서로 같이 출렁거리고 있는
싱그럽고 도도한 풍경을 보면서
나도 그 속의 풍경이 되었다

지심도 뱃길은 신선하다
마음 심心 자를 닮아서
지심도라고 했던가?
꾸밈새 없이 아름다운 섬

지천으로 동백꽃 핀다고 했는데
둘러보고 찾아봐도
그 붉은 가슴들은 어디로 가셨는지
지심도 동백숲은 푸르기만 하더라

# 담양 죽녹원

여기가 어딜까?
아, 신비로운 초록빛의 세계
내가 세상에 오기도 전에
먼– 아주 먼 그때부터 있었던
이 세상 속에 있는 또 다른 세상을
오늘 나는 처음 알았네

싱그럽고 포근하고
거침없이 올곧은 모습
하늘과 땅, 우주를 채우는 듯이
빽빽이 키를 세우며 아우르고 있는
왕대들의 가람 무언의 평온을
오늘 나는 처음 보았네

댓가지에 걸린 몽환의 나의 허울
초록 휘장처럼 바람에 펄럭인다

# 태화강 십리대숲

짙푸른 왕대숲 우듬지에
한가롭게 노니는 하얀 뭉게구름
살랑대는 새아씨 치맛자락처럼
태화강 봄바람을 살포시 감싸안고
샤랑~ 샤랑~ 쓸리는 댓가지 소리

십 리인들 이십 리인들
누가 못 걸어갈꺼나

이 봄 내내 대숲 속을 돌고 돌면서
그 푸른 가슴마다 입 맞춤을 해볼까?
차라리 얇디얇은 댓잎이 되어서
날마다 강바람에 피리나 불어 볼까?
아무래도 십리대숲은 사랑입니다

# 학도병 형님은

칠백 리 낙동강이
그림같이 흐르는 오봉산자락
인적 드문 국군묘지 봉분 앞에 서서
희끗한 머리칼을 바람에 날리며
살풀이춤 춤사위의 하얀 수건처럼
감았다 풀었다… 노래인 듯 울음인 듯
형에게 바치는 헌시獻詩를 읊조리는 남자

열 일 곱살 까까머리 학도병 형님은
낙동강 전투 풀숲 외진 강어귀 어디쯤에서
창창했던 청춘의 꿈 초개처럼 불사르고
강물 따라 구름 따라 푸른 혼백 흘렸는가?

칠십 년 긴 세월
가슴에 그리움의 음각을 새기며
온몸 실핏줄 하나하나 글자로 엮어서
형형히 토해내는 시詩 구절구절들
남자는, 주름진 손으로
무명용사 묘비를 쓰다듬는다.

# 이 가을 참, 슬프네요

또, 오늘
큰 오빠가 돌아가셨다는
부고를 받았어요
내 피붙이가 거듭 떠나가는
이 가을 참, 슬프네요

친구여!
그러나 어쩌랴
인생은 바람을 이기지 못하는
나뭇잎 같은데……

# 봄, 낙동강

우수에 잠긴 듯
삼매에 들은 듯
길게 누워 미동도 없는 강물

우수 경칩 다 지나고 춘분도 오는데……

여봐요! 일어나요
뜨거운 맘 숨긴 그 가슴에
연둣빛 바람 싣고
오색 꽃물 강물 위에 살랑살랑 뿌리며
흘러~ 흘러~ 가얍죠

그래야 이 산천에 봄꽃이 만발하고
목석같은 이네 맘도 사랑 몸살 앓지요

# 소나기

백양산 아래 오래된 아파트 마당에도
풋소년 오줌 줄기 같은 비가 쏟아진다
날개 접은 비둘기처럼 뛰뚱뛰뚱 걸음 걷는
늙으신네들이 등 기대고 삶을 이어가는 곳

문이 첩첩으로 잠긴 신식아파트에서는
얼씬도 못 하던 믿음 없는 잡인들이
제 맘대로 무시로 초인종을 눌러대는 곳

그러거나 말거나 겁도 없이 대책도 없이
현관문을 활짝 열어놓고
풋고추 된장찌개가 뽀글뽀글 끓는 저녁
칠월 소나기는 더욱 세차게 퍼붓고 있다

## 흐름에 대하여

푸른 하늘에 구름이 흐릅니다
어제도 흘러갔고 오늘도 흐르고
내일도 흐르고 수수만년 흘러갈 것입니다
끝없이 사멸하고 탄생하며 요동치는 구름 그러나
하늘은 까딱없이 생생히 넓고 높기만 합니다
꽃 진 자리에 또 꽃이 핀다 한들
오늘 핀 꽃은 결코 어제의 그 꽃은 아닙니다

사람도 그 길을 따라 흘러갔고 또 흐르고 있습니다

쓸쓸한 늦가을 찬바람에 나무는 온몸을 내어놓고
고독한 수행의 길로 가만히 가고 있습니다
바람이 불 적마다 우수수 나뭇잎이 떨어집니다
머지않아 마지막 속옷마저 벗어 날리고
나무는 고요히 삼매에 들 것입니다
해가 서서히 수평선 물밑으로 가라앉듯이
세상만사 천지 만물 흐름의 길로 흐르고 있습니다

# 기억의 숲

시민공원 기억의 숲[*]
플라타너스 나무 아래에 앉아서
한 시대의 흔적을 더듬어 본다
공허함이 반짝이는 전등 같이 깜박인다

츄르르 모였다 흩어지는 별무리
그날의 사람들도 다가왔다 사라지고
기억의 나무들도 차례로 흔들린다

아득한 역사의 뼈 마디마디를
실핏줄로 엮고 묶어서
바지랑대 끝까지 올라가는 나팔꽃처럼
하늘까지 올려서 기억해보자

밤의 숲은 역사를 왜곡할 것인가?
이런 밤은 쓸쓸하다
아, 차라리 기억의 나무로 서있고 싶다


*기억의 숲 – 옛 하야리아부대에 있던 플라타너스나무만 모아서
 시민공원 한 곳에 심어 놓은 곳

# 현충탑을 참배하며

양산 춘추공원 현충탑을 찾아가는
유월의 오르막길을 허위허위 오르다가
먹물로 휘날리며 그림같이 써 내려간
어느 서예가의 글귀를 읽는다
-살고자 하는 자는 죽을 것이요
죽고자 하는 자는 살 것이다.
익히 알고 있었던 이순신장군의 말씀이
오늘은 해일처럼 덮치며 폐부를 찌른다

하얀 국화꽃 한 송이 영전에 헌화하고
-내 나라 새들과 함께 자라고 노래하고 싶었노라
그래서 용감히 싸웠노라
그러다가 죽었노라… 시낭송을 마치고
울컥, 올려다본 하늘가에 군번 없는 학도병과
이순신장군의 모습이 오버랩되고 있다

현충탑 아래 접시꽃 선혈처럼 붉다

# 별리 · 1

너와 나
이젠
등 돌리고
모르는 듯 걸어가지만
그 아름답던 추억
낙동강은
오롯이 품에 안고
윤슬로 일렁이며
해 질 녘 풍경으로 서성이누나

# 별리 · 2

천년을 볼 것 같았던 너의 모습도
만년을 갈 것 같았던 그 사랑도
찰나로 스치는 바람처럼
이렇게 떠나가고 있구나

꽃은 피었는데
강물도 반짝이는데
오늘 이 봄이
그때 그 봄이 아니기에 슬퍼라

찬란한 꽃 잔치는 끝이 났는가?
남아있던 잉걸불도 꺼져버렸나?
슬픈 가슴만
낙동강에 실리어 흐르고 있구나

# 별리 · 3

어쭙잖은 일에도
티격태격 삐거덕거리다가
깊은 골이 파여서 쓰러지는 사람들

첨벙! 첨벙!
갈대숲 물속에 발을 넣고
이리저리 짓밟고 휘저으며 걸어본다

해종일 짓궂은 해작질에도
눈썹 하나 까딱 않고
묵묵히 흘러가는 낙동강의 물결

그 누구의 잘못인가?
동그라미 가위표, 가위표 동그라미를
강물 위에 수없이 그려본다

## 별리 · 4

나무들이 어우러져서
울창한 숲이 되는 것처럼
우리네도 오순도순 이마를 맞대고
두터운 정 나누며 머물렀던 쉼터
이제는 숱한 이야기만 켜켜이 쌓여서
굳어버린 시루떡 같은 형상이고나

바람의 정거장이었던가
구름의 정거장이었던가
아, 그 무엇이 무엇을 침범했다고 하는가?
삭풍에 서걱거리는 갈대밭처럼
물난리에 두렁 터진 논배미처럼
부너진 가슴들이 허허롭고나

# 향기를 품은 그대

향긋한 라일락향기 자락이
나비같이 살포시
내 안에 앉았네
화선지에 물감이 스며들 듯
점점 자리를 넓히며 둥지를 틀었네

아닌 듯하여도 거부할 수 없는
라일락 향기를 품은 그대
목관악기 음률처럼 흙피리 소리처럼
심해보다 깊은 향기의 늪

내가 그대를 사랑하는 것은
그대가 이리 고운 향기를 품은 일이
나를 사랑해서가 아니라 해도
십 리 밖에서도
문득, 깨닫는 향기로 오기 때문이다

# 내 남편의 손

1.
남편은
아침 밥숟가락을 놓자마자
손목시계를 들고 내 앞에 팔을 내민다
삶의 수고로움을 견디어낸 팔목엔
거무튀튀한 주름살이 빙하의 크레파스처럼 깊다
한 움큼이나 되는 약을 먹이고
머리를 빗기고 멜빵바지를 입히고
믹스커피 사탕 손수건 핸드폰 틀니를 챙겨서
호주머니에 넣어주고, 아이가 되어버린
투박한 손을 잡고 엘리베이터 버튼을 누른다

2.
남편은 거실 소파에 누워
편안히 두 팔을 펴고 곤한 잠에 빠져있다
저 손에서 가슴으로 흐르던
댓가지 같았던 푸른 청춘의 핏줄기는 어디로 갔을까?
투견장처럼 치열했던 사람살이 울음에
피고이고 더께가 엉겨 붙어서 멎어버린 것일까?
한평생 고지식하고 약삭빠르지 못해서

억울하게 손해만 보며 어눌하게 살았었기에
언제나 빈주먹이었던 우매한 손

3.
소박한 내 남편은
발 가는데 만큼 발품하며 세상 길 걸었고
손닿는데 만큼만 손에 쥐고 살았던
참으로 티 하나 없는 하얗고 하얀 손이었다
김치쪼가리 하나 들고 쐬주 한 잔 걸치며
-왕십리 밤거리에 구슬프게 비가 내리면
눈물을 삼키려 술을 마~신~다~아~~~
소 웃음 씩 웃고 부르던 내 남편의 18번
그 삭풍의 세월에서도 변함이 없었던 당신의 정신이
지금은 왜, 어디로 빠져서 달아나고 있습니까?

4.
아파트 마당에 노란 유치원 등원 버스가
엄마께 빠이빠이 하는 토끼 같은
아이들을 싣고 떠난 후, 그 자리에
회색빛 주간보호센터 승합차가 슬며시

정차하고 내 남편은 팔을 슬쩍 올리며
마디 굵은 하얀 손을 꼬부리며
무표정한 얼굴로 나에게 손 인사를 하고 간다

5.
알곡 빠진 헌 가마니처럼 쭈그렁 헐렁한 내 남편
이 대 팔 가르마가 황톳길 수레바퀴 자국같이 선명하다
갑자기 바꿔어버린 이 쓸쓸한 아침 풍경이
작은 내 오두막의 평온을 무너뜨리고 있다
저무는 세상의 언덕, 그래도 아직은 둘이 함께 있기에
섣불리 슬픈 곡조로 노래 부르지 않으리라
내 남편 손을 닮은
하얀 소개구름 서쪽 하늘로 흐르고 있다

4부

언니의 애소 哀訴

# 금낭화

따사로운 봄날
절집으로 가는 야트막한 산자락에

큰머리 연지볼 단장하고
초록색 치맛자락 살짝 걷어 올리며
살포시 얼굴 내미는 요염한 모습

아서라! 너의 자태
여염집 여인네가 아닐지니
꼬드김의 분내를 거둘지어다

보고 보고 또 뒤돌아보다가
나그네 발걸음이 더뎌지는 저녁답

# 벚꽃 낙화

비에 젖은 벚꽃은 아름답다
고고하고 애처롭다

하르~ 하르~ 하르르~
봄비를 머금고 떨어지는 꽃잎들

벚나무 아래 팔 벌리고 서서
쏟아지는 꽃비를 소롯이 맞는다

온몸에 나풀나풀 나비처럼 붙은 꽃잎
바람아! 떼지마 내 봄을 건드리지마

머잖아 매미가 요란스레 올 것이니
연분홍빛 내 가슴을 잠깐만 놔 주렴

# 이팝나무꽃

하얀꽃 흐드러지게 핀
이팝나무 그늘에 홀로 앉아서
고운 빛 오월 하늘을 본다

연초록 잎사귀에 소복소복
쌀밥꽃을 얹고
비단 바람결에 무동춤을 춘다

귀먹고 눈멀고 벙어리 삼 년
꽃각시 배고픈 시집살이에
헛것으로 보였던 환상의 꽃

그 시절 야윈 손이 꽃가지 되어
하늘 가득 하얀꽃이
쌀밥, 쌀밥 하면서 피고 있을까

# 감꽃이 필 때

아부지예!
감꽃이 필 때는 오지마이소.

 나물죽도 배부르게 먹지 못했던 그 시절, 졸라맨 허리끈을 더욱 졸라매야 했던 보릿고개가 감꽃이 피기 시작하면 더욱 태산같이 높아지기에 행여 비쩍 야윈 딸내미 모습에 가슴이 아파 눈물바람 하실까봐 시집 간 딸이 친정아버지께 보냈다는 기별의 말씀이다. 이제 호랑이 담배 피우던 옛이야기로만 들리는 그 이야기 속에서 사셨던 우리들의 아버지와 어머니 허기졌던 삶도 헤아려 꼽아보면 불과 백여 년 전의 일인데… 우리는 참, 망각도 빠르다. 이쁜 옷 입고 화장 곱게 하고 신식 구두 신고 번지르르 승용차 타고 작은 절집 툇마루에 걸터앉아 청아한 목탁 소리 들으며 바람에 하나 둘 꽃을 떨구고 서 있는 늙은 감나무를 본다. 나 어릴 적 오빠가 감나무 밑둥을 잡고 흔들면 초롱 같은 감꽃이 마당 가득 노랗게 떨어지던 내 고향집 앞마당, 바가지에 소복이 감꽃을 주워 와서 실에 꿰어 감꽃 목걸이 감꽃 팔찌를 하고 좋아라 콩콩콩 뛰고 놀던 단발머리 가시내가 또렷이 내게로 다가왔다 멀어진다

# 관룡사 상사화

첩첩산중에
은밀한 요새 같은
고즈넉한 관룡사

유록빛 대궁 끝에
나비가 앉듯
살포시 피어난 연분홍꽃송이

약사전에 참배하고
용선대를 다녀오고
석간수로 양치하고

잎의 행방 묻자오니
상사화 가라사대
-쓸데없는 물음이로다.

# 풀꽃향기

나는 참 잘살았어요
정말 행복했어요.

　얼굴에 담뿍 주름꽃 피우시며 방긋이 웃는 하얀 풀꽃 같은 모습이 티브이 화면 가득 클로즈업된다 살음살이 하면서 허위허위 넘었던 생의 고행길도 돌이켜 생각하니 행복의 길이었더라고 해맑게 깜박이는 초롱한 눈동자, 자연이 좋아서 산골에 둥지를 틀고 산꽃 들꽃 마음대로 키우고 산새들과 동무하며 살고 있으니 세상이 다 내 것인 양 넉넉하니 좋다며 수줍은 소녀같이 연지 볼 붉히시는 팔순을 훌쩍 넘기신 향기로운 여인, 누구인들 한평생을 우여곡절 없이 살았을까? 갈고리 같은 번뇌 속박을 끊어버리는 것 쉬운 일이 아닐진데 어이하여 저분께서는 속세 굴레 훌훌 벗어던지고 해탈을 하였을꼬 하얀 그녀의 머리칼이 민들레 홀씨처럼 날리고, 안개비에 젖고 있는 풀꽃처럼 솔솔 풍기는 상긋한 향기에 사르르 취하여 눈이 감긴다

# 원추리꽃

바닷가 벼룻길
까마득한 절벽 틈서리마다
애처롭게 피어있는 원추리꽃

물고기가 죽으면
안개가 될까 파도가 될까
조개가 될까 몽돌이 될까
차마 하직 길 너무 맘이 아리어
노랑꽃으로 환생을 하였을까?

보아라! 저 눈부신 자태를
사모가 깊어서 더욱 위태롭게 핀
영롱한 넋의 꽃불을

## 목련꽃 지고

하얀꽃 떨어지고
파랗게 돋아나는 잎새

생채기 아픔 너무 깊어
고름이 터져서 진물이 솟는 걸까?

하고픈 말은 태산이련만
한 마디도 못하고 떠난 설움이던가

가지마다 꽃 진 자리
차곡차곡 포개지는 사모의 눈물

또, 봄날은 가고
언제나 애석한 평행선의 운명

# 자작나무숲을 그리다

봄이 왔다. 그러나 나는
형체 없는 둘레 속에 갇혀있다

몸은 두고 눈만 달려갔다
그때 가보았던 자작나무숲으로

그림 붓을 잡고 사흘 만에
완성한 그림, 나의 그림 스승께 전송했다

-발가벗은 자작나무가
봄을 만나 연둣빛 옷을 입었군요
싱그러운 봄맞이 그림 짱!
봄을 그리는 여심이 이뿌요.

그래, 올봄에는
자작나무 그림 숲에서나 노닐어 볼까나

# 꽃들이 미쳤네

왜, 언니야!
큰일 났다. 빨리 온나

 놀라서 허둥지둥 차에 올라타며 왜, 왜를 연발하는 내게 언니는 히히히 웃으며 —꽃들이 미치뿟다 아이갸 올봄에는 지 차례도 모르고 봄꽃이 한꺼번에 몽땅 다 같이 피뿟데이, 놀란 가슴을 쓸어내리는 나를 신고 언니 차는 벚꽃이 만발한 김해공항 길을 달린다. 은빛으로 반짝이는 낙동강을 바라보며 진달래 조팝꽃이 아름다운 원동 산길을 넘어서 골 깊은 배내골 수려한 경치 병풍을 두르고 앉아 있는 베네치아에서 버섯전골 점심 맛나게 먹고 영남 알프스산 줄턱을 물 만난 불고기처럼 요리조리 미끄러지듯 넘었다 작천정 명석같이 널따란 바위에 앉아서 유리구슬빛 물굽이를 바라보며 다시는 보지 못할 꽃인 것처럼 눈이 불룩하도록 보았던 꽃 이름을 외워 본다. 벚꽃 진달래 명자꽃 조팝꽃 개나리 홍매화 목련 자목련 복사꽃 배꽃 영산홍 자운영꽃 유채꽃 제비꽃 꽃양귀비…언니야! 맞다 꽃들이 진짜 미쳤는갑다 그쟈!

# 층층이꽃

우리집 마당 가에
빨갛게 피어난 접시를 닮은 꽃

잎새 사이마다 볼록볼록
꽃봉오리를 품고

날마다 층층으로 피고 지는 꽃
그래서 울엄마는 층층이꽃*이라고 했지

여름 내내
피고지고, 피고지고 하루이틀사흘나흘…

꽃 다 시들었다
아, 저 모습 누굴 닮았는가 싶어라

* 층층이꽃 – 접시꽃

# 가을엽서

낙엽이 쌓여요
가만히 있는 나를 묻고 있어요

보고 싶어요
이 그리움 종말이 오기 전에
그렇게 환하던 그대 모습을
지우개로 지워버려야 할 시간이 오기 전에

짙어지는 어둠
이윽고 별 하나 포물선을 그리며
뚝, 떨어지고 말았어요
우리는 이대로 가뭇없이 사라지는 건가요?

그대 오지 않는 나의 식탁
뽀글뽀글 된장찌개가 졸아들고 있어요

# 언니의 애소哀訴 · 1

염불 소리 목탁 소리에
두 손을 모으고
쓰러질 듯 쓰러질 듯
법당 안을 빙빙 돌다가
범어사 보제루 문밖으로 나오는 언니

-잘 가거라, 내 아들아!
인도환생 하거래이~
부디 명命 길게 다시 태어나거래이~
나무아미타불~
나무아미타불~

아들의 사십구재 마지막 날
어미가 걷는 창망한 길
발걸음 걸음마다 옹이가 패여
철벙 철벙 고이는 언니의 선혈

# 언니의 애소哀訴 · 2

1.
네가 없는 이 세상을 내 어이 살라고
나도 안 가본 그 길로 너를 어찌 보내라고
가지마라, 가지마라 내 아들아
낯설고 물선 그 먼 저승길을
어이 홀로 가려느냐?
나를 두고 왜 가느냐?
아들아! 내 아들아 내 손 잡고 같이 가자

팔순이 코앞인 우리 언니가
이제 겨우 불혹에 유명을 달리한
아들의 관棺을 붙들고
짐승처럼 울부짖는 애끓는 애소哀訴

2.
언니의 하늘은 무너져 버렸다
암흑 같은 세상을 어찌 살 수 있을까
친친 감긴 저 슬픔 어찌 걷어낼 수 있을까
그러나 언니야! 그만 울음을 멈추자
오늘은 춥지도 덥지도 않고

바람 보드랍고 햇살도 따뜻하다
이 맑고 고운 가을 길이 그래도 ○○이가
극락 가기 좋은 날씨다 아니냐

3.
원통하고 애석하고 아까워서
오장육부 찢어지고 가슴 구멍 뚫려서
늑대울음 같은 목쉰 그 피울음이
강이 되고 내川가 되어 흐르니
발걸음이 묶이어서 한 걸음도 못 걷겠다
언니야! 이제 그만 저승길 열어주자
우지마라 언니야

# 언니의 애소哀訴 · 3

낙엽비 후르르 쏟아져 날리는데

만발한 산국화도 함초롬히 있는데

높고 푸른 하늘은 써늘히 내려 앉누나

아들의 묘비를 안고 슬퍼우는 노모

까맣게, 까맣게 어둠에 묻힌다

# 언니의 애소哀訴 · 4

새벽길 더듬어가며
허위허위 오르는 산길은 가파르다
귀하고 귀한 아들을 땅속에 묻어 놓고
밤낮으로 찾아가는 어미의 길이다

산짐승에 잡아먹히고 싶어서
귀신에 홀려서 사라지고 싶어서
죽고, 죽고 또 죽고만 싶어서
억! 억! 목쉰 울음 울고 가는 울음의 길이다

동지섣달 칼바람은 뼛속으로 파고드는데
어미의 울음은 산을 넘어 가는데
산짐승도 귀신도 오늘도 오지 않고
훤히 해가 뜨고 있는 야박한 아침

저, 애끓는 언니의 울음은 언제 멈춰질까?

# 5부

## 인생이란

# 모기

한밤중
내가 시를 쓰고 있는 중에
소리 없이 나타난 놈
앵그르 돌다가 살~푼
습작 노트 글자 위에 앉는다
요놈!
잡았다 싶었는데
손 펴보니 흔적도 없다
잠시 후
또 그 자리에 앉는다
어, 이상하다
반라로 앉아있는 나를 두고…

아하! 내 시를 훔치려고 왔구나
어림없다, 요놈

# 매미 울음소리

매미가 운다
온종일 자지러질 듯이 운다

저 울음소리에 포플러나무 그늘이 짙어졌고

저 울음소리에 울아버지 보리타작 도리깨가 바삐 돌아갔고

저 울음소리에 울엄마가 황천길 떠나셨고

저 울음소리 뚝, 그쳤을 때 산천초목은 시들기 시작했고

저 울음소리 뚝, 그쳤을 때 너와 나 사랑도 식어버렸고…

슬퍼 마라
매미는 또 여름을 데리고 와서 목청껏 울 것이니

# 잠자리

하늘이 높고 뭉게구름 한가로운 날
호젓한 공원길에 나들잇길 걷던 아가씨들
-어머! 고추잠자리다
이제 가을이 왔나보다, 그지?
-아니야 저건 된장잠자리야
-애는 된장잠자리가 뭐야,
그런 잠자리 이름은 없어

고추잠자리야, 된장잠자리야
참새처럼 조잘조잘 실랑이를 벌이네
아가씨들아!
그것인들 어떻고, 저것인들 어때서
고 작은 날개 위에 가을 빛을 싣고 와서
이산 저산 마을마다
알록달록 고운 옷 입혀주고 있잖아

# 구름새

-와! 할머니
하늘에 구름새가 날아가요
-아닌데
꽃구름인디… 히히

　공원 마실길 나온 손자와 할매가 맑은 하늘에 갖가지 형상으로 떠 있는 구름을 보며 즐거운 말씨름을 한다. 손자는 연신 구름을 가리키며 할머니 저것은 참새 저것은 독수리 저것은 기러기야 맞지 모두 꼭 닮았다 그지? 아닌데… 저거는 목단꽃 저거는 맨드라미 저거는 코스모스야, 모두 꽃인디 구름새가 아닌디 구름꽃이지롱~ 히히히 손자를 놀려먹는 할머니 손가락을 집고, 아니야 새야! 구름새란 말이야 할머니 미워, 앙앙 앙~~ 깜짝 놀란 할매, 아가! 우지마라 진짜로는 니끼 맞는데 할미가 괜히 재미질라꼬 고마 거짓말을 했쁏다 구름새가 맞다, 맞다 구름새

## 숲을 만나러 가자

사는 것이 시들해 지거든
숲을 만나러 가자

허름한 둥지 접었던 날개를 펴고
싱그러운 솔바람에 말갛게 얼굴을 씻자
나뭇가지 끝 끝마다 은은한 종소리
서럽던 그날 밤의 별 무리를 찾아서
우리 손잡고 숲으로 가자

고즈넉한 숲속 사태 지는 그리움
백년 세월 흐르고 또 흘러가도 잊지 못할
그런 미움 하나 만나는 기쁨
인생길 희로애락 숲은 받아들이니
핏빛 속울음들 부려놓고 오자

까닭 없는 슬픔에 가슴이 아리거든
숲을 만나러 가자

# 가을 맘 [心]

가을 산 오름길에
아름드리나무 등걸에 걸터앉아서
가만히 그리운 그 임을 그리워한다

옻나무 단풍같이 붉게 물든 이 마음
누가 몰래 엿보지나 않는지
무덤덤한 나무들께 살살 눈웃음을 보낸다

내가 가을빛에 이토록 곱게 익고 있는 것을
내가 가을사랑에 흠뻑 빠지고 있는 것을
내가 가슴앓이로 잠 못 이루고 있는 것을

스쳐가는 선들바람은 알까
두둥실 흘러가는 저 구름은 알까, 차라리
화들짝 들켜서 우세나 할까부다

# 그 사랑

밤이 깊어 갈수록
까만 비단 폭에 금박으로
문양을 새겨넣듯이 선명하게 반짝이는
얼굴 하나 있습니다

밀어내고 또 밀어내어도
겹겹으로 밀려오는 파도 같은 그리움
층층으로 쌓이는 돌탑 같은 추억
가슴이 가슴을 딛고 있습니다

누가 이별을 주었습니까
그 사랑 불꽃 나는 잘 알고 있습니다
그래서 한마디 말도 할 수가 없습니다
그래서 더욱 사무치게 그립습니다

또, 내 무덤 봉분을 높이 쌓고 있습니다

# 현해탄의 물결

털커덩! 털커덩…
파도가 쉴 새 없이 뱃전을 때린다
첩첩 산 높은 꼭대기에 올라선 것처럼
한눈에 들어오는 굽이굽이 일렁대는 물 구비
섰다가 스러지고 스러졌다 다시 일어서는
거대한 물살을 일으키는 무서운 바람의 힘
나는, 노도 만 리 파도를 헤치고 질주하는
후쿠오카행 여객선 선실 창틀에 턱을 괴고
시퍼렇게 요동치는 현해탄 물결을 바라본다
아! 윤심덕…
이토록 거친 물속으로 뛰어 들어갔구나
어긋나는 퍼즐 조각같이 미스터리의 여인
명주실을 뽑아내는 애처로운 누에처럼
비련의 명곡, 사의 찬미 세상에 풀어놓고서
현해탄의 전설 되어 글썽이는가?
현해탄의 물결 되어 출렁이는가?

# 초록바다

바다는
엄동설한 칼바람에
파랗게 질려서 엎질러졌는지
저 넓은 초록빛 물굽이

차마 접지 못한 내 사랑은
아직도 무지개로 떠 있는데
겨울비 속으로 배 한 척 떠가네

숱한 사연에 몸이 젖은 모래톱
숨죽여 나지막이 그 이름 부르건만
갈매기만 끼룩~끼룩~
초록바다 노니네

## 초선대 마애불

바위다
그냥 커다란 바위다

신선을 초대하는
신령한 마애불의 모습을

침침한 마음의 눈으로
감히, 친견하려 하다니

나무아미타불
나무아미타불…

홀연히 업의 옷
낙동강에 떠내려가고

오! 또렷이 나투시는
아미타여래 모습

# 죽도 왜성 그곳에는

그곳에는
다시는 겪어서는 안 될 흔적들이 있다

우리 조상님들의 서러운 혼이 있다
허물어지는 성벽 속에도 있고
우거진 풀숲에도 있고
소나무 가지에도 푸르게 살아있다
이 나라를 송두리째 빼앗고 말살시키려는
왜나라 게다짝에 밟히고 차이면서
풀죽은 무명 적삼 야윈 어깨 위에
바위를 지고 나르던 통한의 울음이 있다
힘없는 나라가 당해야 했던 굴욕들
아, 얼마나 치욕스러웠던 세월이었던가?
칡넝쿨에 뒤엉킨 죽도 왜성 성벽에 올라서서
묵묵히 흘러가는 낙동강을 바라본다

저 낙동강은
잊지는 않았겠지, 침략자의 작태를

## 인생이란

고개 한 번 돌렸더니
하루가 저물고

턱 괴고 먼 산 한 번 바라보니
봄이 후딱 가버리고

눈 몇 번 껌벅거렸나 싶었는데
십 년 세월 지나갔네

인생이란
봄볕 마루에서 잠깐 졸다 깨는
춘몽 같고나

# 동피랑에서

비릿한 갯내음이 폴폴 풍기는
정겨운 골목길을 친구와 손잡고
사다리를 타고 오르듯이 천천히 오른다

낯설지 않는 추억의 풍경
찌그러진 대문도 빛바랜 담벼락도
낡은 집 콧구멍 만한 창문도
고목에서 꽃 피듯 형형색색 그림으로
꽃처럼 피어있는 즐거운 동피랑

친구야, 저기 통영 앞바다에서
아직도 붉은 **뺨**으로 파도처럼 뛰는
너와 나 가슴을 보자
우리가 잊어버렸던 어린 왕자도
이상한 나라의 앨리스도 만나보자

삶의 애환 푸른 바람에 날아가고
뱅글뱅글 돌아가는 마법의 골목길은
아름답고 그리고 행복하다

## 그 여자의 겨울

그 파릇했던 연보랏빛 사랑
식어버린 가슴에 묻혀 기척조차 없고

푯대 잃은 갈까마귀 떼
허공만 빙빙~빙 해는 떨어지고

휘휘 휘몰아치는 바람 줄기
빈 나뭇가지에 걸려 만장같이 휘날리고

그 여자의 겨울은
시퍼런 눈바람 속에서 칼춤을 추고 있다

# 산과 책

산 정상에 올라섰다
운무에 싸여서 바람이 불 적마다
설렁~ 언뜻 모습을 보여주는
산, 산 산
발아래 첩첩 저 산봉우리들은
무슨 긴한 전설들을 품고 있을까?

우편함을 열어본다
날마다 낯선 얼굴 고운 옷 입고서
빵긋~ 빼꼼 고개를 내미는
책, 책 책
방물장수 보따리 물건들처럼
무슨 사연 가지가지 읊은 것일까?

세상 만물이 사리舍利처럼 남아서 반짝이고나

# 국민 여러분!

친애하는 국민 여러분!
저는 대통령 후보 ○○○입니다.
여러분의 귀중한 한 표를 저에게 찍어주시면
정말로 진실로 진짜로 잘사는 나라로 만들겠습니다
아무도 집 없는 설움을 겪지 않도록 하겠습니다
누구도 배고프지 않게 삼시세끼 밥을 드리겠습니다
할아버지 할머니 아버지 어머니 삼촌 누나 동생 여러분
모두, 모두에게 멋진 옷 이쁜 옷 입혀드리겠습니다
뼛속들이 애국자인 저에게 꼭, 기회를 주십시오
부탁드립니다 감사합니다 고맙습니다
국민 여러분! 국민 여러분…

술에 취하기만 하면 우리 동네 골목
빨간 벽돌집 담벼락에 붙어 서서 두 팔을 하늘 높이 들고
큰 울림통의 목소리로 고함고함 지르며 선거 유세를 하던
우리집 단칸 월세방 세입자 남자
가당찮게도 대통령 선거에 출마했다고 떠들고 있던 남자
헌칠하니 인물 좋고 유순하던 남자가 어떤 삶을 살았길래
때때로 그렇게 미친 듯 돌변하여 바뀌었던 것일까?
빗발치는 동네 사람들 항의에 못 이겨서

제발 방 좀 **빼달**라고 부탁하는 나에게, 남자는
어쩌다가 수십 번 방을 옮겨 다녔던 신세가 되었노라며
조금만 더 살게 해주십사고 사정사정하다가 결국은
짐 가방을 들고 막막한 걸음으로 우는 듯 웃는 듯 얼굴로
어둠살 내리는 골목길을 소리 없이 **빠져**나가던 그 남자
오늘 문득, 생각이 난다
그 남자는 아직도 어느 골목에 서서 목에 핏대를 세우고
국민 여러분! 국민 여러분을 힘차게 외치고 있을까?

제21대 대통령 선거
유세 차량 연설 소리가 시끄럽게 지나가는 오월이다.

# 겨울 장미였던가

달빛 고운 산기슭에
함초롬히 피어나는 달맞이꽃과 같이
여리고 풋풋했던 연초록빛 내 청춘은
빨갛게 핀 겨울 장미였던가

함께 가자 언약했던
그 비단 꽃길은 어디로 갔을까?

시린 세월 베갯머리 적시며
빈 둥지 동그마니 지새웠던 밤

설한풍에 날아가는 어미 새 날개처럼
내 발길 사구마다 붉은 피 고인 흔적

인생이란 스쳐 가는 바람이라 했던가?
지겨운 내 생이 길 줄 알았는데
어느덧 얼굴에 주름이 가득
아! 이제 편안히 백발로 가고 있네

에필로그

/

해석을 위한 변명

정옥금

| 에필로그 |

# 해석을 위한 변명

정옥금

 이번에 펴내는 시집 『11월의 플라타너스』에 들어갈 80여 편의 원고를 이제사 정리했다. 그중에서 여러 편의 시를 넣었다 뺐다, 또다시 넣기를 반복하면서, 어찌할까? 나에게 수없이 물었다.
 어느 날 갑자기 내 가까운 사람들과 함께 힘겹게 겪었던 그 활란의 고통을 떠올리며 떨리는 손으로 눈물을 쏟으며 썼던 시들이었다. 그렇기에 삭제를 해버리기엔 나의 일부가 소용없이 버려지는 것처럼 아쉽고 안쓰러운 마음에 다시 끼워 넣자니 시에 박혀있는 아픔의 상처와 처절한 몸부림이 너무 무겁다. 이 어둡고 암울한 것으로 독자들이 꺼림칙한 감정이 들면 어떡하지, 망설여지기도 하였다.

"너도 내 나이 되어 봐라! 그때는 알 것이다."

어르신들이 간혹 젊은이들에게 하시는 말씀이다. 그렇다, 나도 몰랐다. 세월 흐름에서 갈고 낡이는 삶의 파편들이 어떤 형태의 다른 무엇이 된다. 그리하여 이것이 어떤 사람의 가슴에 꽂히게 되는지는 그 누구도 알 수 없다. 저마다 내딛는 생의 행보는 늘 미지수라는 것, 그것을 나는 미처 알지 못했던 것이다.

나는 불혹을 훌쩍 넘긴 나이에 시로 등단했다. 내가 시인이 되다니,

참으로 신기했다. 시인은 구름 속을 노니는 신선 같은 존재라고 동경해 왔는데, 꿈만 같았다. 전국에서 날마다 우리 집으로 소설책, 시집, 수필집, 동시집, 동화책 등 각종 문학지가 부쳐왔고, 나는 이를 받아 들고 기쁘고 고마움에 한 글자도 놓치지 않고 매번 정독하였다. 특히 시집은 더 애정을 가지고 깊게 파고들며 읽었다.

그런데 간혹 원로 작가님들 시집에서 늙음과 병듦, 부모와 배우자의 죽음, 형제와 친구의 죽음, 그리고 이웃과 반려견들의 죽음까지 애도하는 것을 보았다. 나는 죽음을 직면한 신음 소리가 들리는 듯하여, 왜

이렇게 절망의 시를 쓰실까? 라고 생각하기도 했다.

  나는, 이런 시는 쓰지 말아야지, 언제나 풋풋하고 아름다운 시를 짓겠다. 늙어도 늙은 시는 절대 사양하겠노라고 다짐을 했다.

  하루는 길어도 십 년은 후딱 간다는 말처럼 내가 등단하여 시인의 길로 들어선 지 올해 벌써 30년이 되었다.

  나의 몸도 많이 망가지고 얼굴엔 주름도 깊다. 지난 몇 년 동안 나는 전혀 예상치 못했던 많은 슬픔과 아픔에 직면하고 말았다.

  남편이 치유 불가 병에 들고 말았고, 오빠와 올케 언니가 유명을 달리했다. 그리고 청대 같았던 조카가 저세상으로 일찍 떠나버렸다. 또 내 단짝 친구도 어느 날 내 곁에서 사라졌다. 어떤 지인은 요양병원으로 간다고 하고, 이제 생사의 소식도 희미해졌다.

  내 피붙이가 이 세상에서 사라지는 그 애석함과 허망함, 미안해서 눈물조차 흘리지 못하는 그런 슬픔을 목도 했다. 나는 울부짖는 언니에게 위로의 말도 잃고 가만히 있다가 결국, 한 줄의 시만을 쓸 수 있었다.

그렇다, 이제야 알 것 같다.

그 원로 작가님들이 어둡고 쓸쓸한 시를 왜 굳이 쓰셨던가를, 생살 가슴에 음각으로 애절한 사연을 각인하고, 숱한 수난과 인고를 겪어내어 비로소 사리처럼 영롱한 시를 빚어낼 수 있었다는 것을, 절망과 한탄이 심중에 박혀서, 결국 얼룩꽃이 피고 무늬로 아로새겨졌다는 것을, 그분들이 그런 것들을 노래했던 것을 나는, 짐작도 못 했던 것이었다.

이 풍진 세상에서 내가 어떤 발걸음으로, 어떤 모습으로 여태껏 살아왔던지, 그리고 지금도 멀쩡히 살아가고 있는, 이 모든 과정이 내 생의 역사가 아니면 무엇인가? 아픔은 아픔으로 기쁨은 기쁨으로 눈물은 눈물로… 나는 시인이므로 또렷이 시로써 나의 역사를 기록해 나가고 있는 것이리라.

지금은 모두 세상을 떠나서 뵐 수 없는 그분들, 한평생의 희로애락 끝에 마침내 갈고닦아낸 필력의 역사를 나는 건방지게도 어둡다 무겁다 생기 없이 칙칙하다며 함부로 폄하하며 잔망을 떨었던 것이다. 그때 내 모습이 민망하고 후회스럽다. 한없이 부끄럽고, 송구스럽다.

이 시집 『11월의 플라타너스』를 핑계 삼아 장롱 속에 오래 넣어 두었던 빛바랜 바바리코트라도 꺼내 입고 해 질 녘 가로수길을 한가롭게 거닐며 내 삶의 아름다운 한 자락을 늦지 않게 누려 볼 것이다.

# 시화방
## 엿보기

꽃밭

아이야!  여기는
고운 눈으로  예쁜
세상을 보렴  꽃밭이란다

글·그림 정옥금

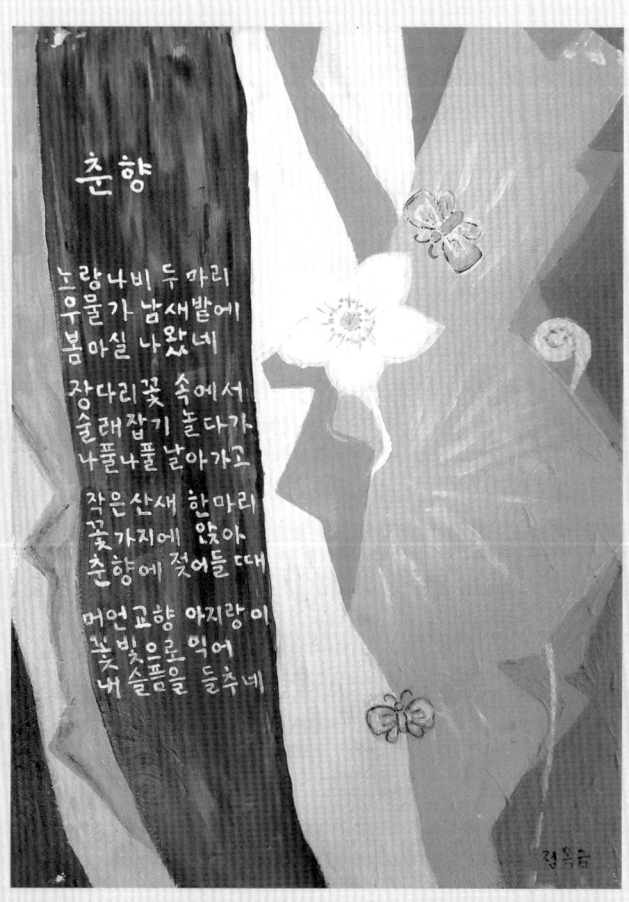

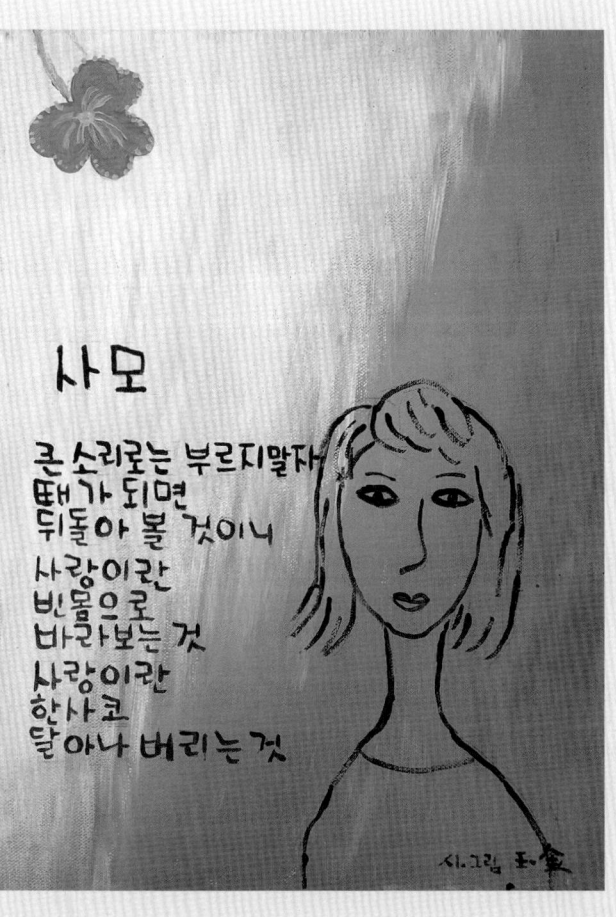

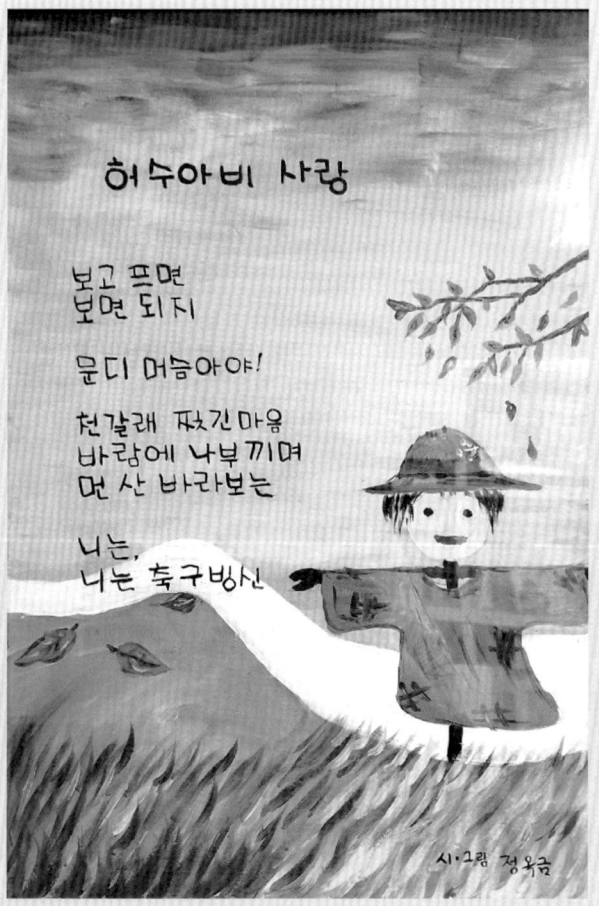

## 유품

정옥금

십팔 문 반
고무신에
티눈 발을 넣고
무던히도 걸었던
생의 길바닥에
허물처럼 남겨진
어머니의 유품
하얀 코고무신 한 켤레

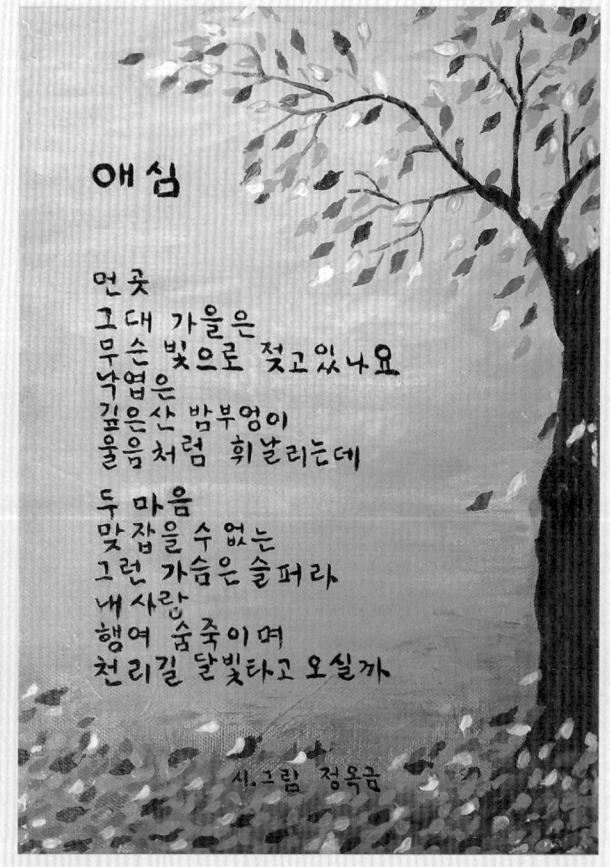

## 애심

먼 곳
그대 가을은
무슨 빛으로 젖고 있나요
낙엽은
깊은산 밤부엉이
울음처럼 휘날리는데

두 마음
맞잡을 수 없는
그런 가슴은 슬퍼라
내 사람
행여 숨죽이며
천리길 달빛타고 오실까

시.그림 정옥근

정옥금 열두 번째 시집

# 11월의 플라타너스

초판 1쇄 인쇄 | 2025년 7월 20일
초판 1쇄 발행 | 2025년 7월 25일

지은이 | 정옥금
펴낸이 | 최장락
펴낸곳 | 도서출판 두손컴
주　　소 | 부산광역시 부산진구 부전로 35, 301호(부전동, 삼성빌딩)
전　　화 | (051)805-8002　팩스 : (051)805-8045
이메일 | doosoncomm@daum.net
출판등록 제329-1997-13호

ⓒ 정옥금 2025
값 15,000원

ISBN 979-11-91263-97-8　03810

* 저자와 협의에 의해 인지를 생략합니다.
* 잘못 만들어진 책은 바꾸어 드립니다.

본 도서는 2025년 부산광역시, 부산문화재단 〈부산문화예술지원사업〉으로 지원을 받았습니다.